LE VICE-ROI

ET

LE FELLAH

PAR

ALFRED MAYRARGUES

PARIS

LIBRAIRIE INTERNATIONALE

15, BOULEVARD MONTMARTRE

A. LACROIX, VERBOECKHOVEN ET Cⁱᵉ, ÉDITEURS

A Bruxelles, à Leipzig et à Livourne

1869

QUELQUES MOTS

SUR

L'ÉGYPTE CONTEMPORAINE

LE VICE-ROI

ET

LE FELLAH

Parmi les diverses combinaisons politiques dont il a été question au moment de l'insurrection de la Crète, il en est une, on s'en souvient sans doute, qui consistait à donner cette île au vice-roi d'Égypte. C'était une manière originale de mettre d'accord la Turquie et la Grèce. La combinaison dont il s'agit a été sérieusement discutée par plusieurs journaux. Elle le sera peut-être encore lorsqu'une occasion favorable se présentera. Il n'est donc pas inutile d'éclairer le public sur les titres que peut avoir le vice-roi à cette nouvelle couronne. Avant de songer à lui confier la Crète, il est bon d'examiner ce qu'il a fait de l'Égypte. Maintenant qu'un voyage dans la patrie des Pharaons et des Ptolémées est plus facile et plus sûr qu'une excursion en Sicile, on est tenu de connaître la situation vraie de ce pays, de ses habitants. de ses maîtres actuels.

Personne n'a certainement oublié un incident qui fit naguère l'amusement de tous ceux qui ont visité l'Orient, et particulièrement l'Égypte. De nombreux articles de journaux annoncèrent un beau jour que le vice-roi, désireux de doter son pays des bienfaits d'une civilisation raffinée, s'était décidé à renoncer à ses prérogatives de monarque absolu. Il allait convoquer dans sa capitale une assemblée de délégués élus par les populations. Cette sorte d'assemblée représentative l'aiderait à supporter le fardeau de l'empire et à accroître la prospérité déjà si extraordinaire des peuples qu'Allah et le sultan avaient confiés à ses soins; en même temps le gouvernement vice-royal demandait aux puissances européennes de vouloir bien lui communiquer leurs diverses constitutions.

Comme le temps pressait, comme le jour fixé pour la réunion de l'assemblée représentative était proche, on correspondait par voie télégraphique. Lorsqu'on eut dépensé une soixantaine de mille francs en dépêches, on s'arrêta définitivement à la plus démocratique des constitutions monarchiques. Nous avons nommé la constitution française.

Quelques semaines après, les journaux, qui avaient annoncé la grande réforme ou pour mieux dire l'immense révolution accomplie par le vice-roi, sonnaient une nouvelle fanfare. Ismaïl-Pacha mettait le comble à son libéralisme : il couronnait l'édifice grandiose de la constitution égyptienne en remettant à l'assemblée nationale le soin de fixer l'assiette de l'impôt. Pour compléter cette amusante mise en scène, il ne manquait qu'un discours du trône. Il y en eut un tout à fait digne de figurer à côté de ceux qu'on entend parfois prononcer en Occident.

Nous croyons voir d'ici les figures calmes et sérieuses des habitants de Damiette ou de Keneh, appelés à siéger aux côtés de l'*effendina*, cette émanation du commandeur des croyants, mieux encore, ce détenteur de la clef du Nil, ce dispensateur de l'eau.

Un érudit (il y a partout des érudits en Égypte) grec ou cophte, grand maître des cérémonies, s'évertue à distribuer ce troupeau de députés sur les bancs qui leur sont réservés; il leur explique cependant que de préférence les gens bien pensants siégent au centre, et que, dans les parlements, la gauche n'est occupée que par ceux qui ont le dessein de critiquer les actes du pouvoir.

Ce petit discours produit immédiatement son effet. Les députés se bousculent, se culbutent, se précipitent vers le centre. C'est à qui sera le plus en évidence. Un seul, un député

QUELQUES MOTS

SUR

L'ÉGYPTE CONTEMPORAINE

LE VICE-ROI

ET

LE FELLAH

PAR

ALFRED MAYRARGUES

PARIS

LIBRAIRIE INTERNATIONALE

15, BOULEVARD MONTMARTRE

A. LACROIX, VERBOECKOVEN ET Cⁱᵉ, ÉDITEURS

A Bruxelles, à Leipzig et à Livourne

1869

du Caire, demeure impassible à son banc de
gauche.

Cette touchante unanimité témoigne suffi-
samment de la confiance des Égyptiens mo-
dernes dans leur gouvernement, ou plutôt de la
crainte qu'il a le privilége de leur inspirer. La
crainte est en effet le principal, pour ne pas
dire l'unique mobile de ces malheureuses populations.

Le burlesque épisode que nous venons de
rapporter résume en quelques lignes la situation du pays; en haut le charlatanisme et le
mensonge officiel, en bas une indicible terreur.
En haut l'effendina, comme en Russie au som-
met le czar; au-dessous les fonctionnaires,
petites gens qui ne grandissent qu'à la faveur
d'un caprice, et quels caprices! au fond, une
foule condamnée, écrasée, tremblante. Le Caire
est bien la ville de cette civilisation de la Basse-
Égypte, car, à mesure qu'on remonte le Nil, on
trouve plus de dignité chez l'habitant; l'axiome

latin *major e longinquo reverentia* a tort ici ; ce serait plutôt le contraire.

L'aspect extérieur du Caire est du reste une révélation sur l'état social du pays ; à côté de quelques mosquées et écoles ecclésiastiques assez convenablement entretenues, s'élèvent de gigantesques cubes en maçonnerie aux ouvertures grillées. Ces édifices sont décorés du nom de palais.

C'est là qu'habitent les porteurs de sabre ou de bâton, les grands seigneurs et les hauts fonctionnaires. Puis, à l'ombre de ces *sérails*[1], des tanières, des cabanes bâties en limon durci, plus ou moins mal closes, peu ou point couvertes, où grouille *sub dio,* au milieu de ses poules et de sa vermine, la gent qui reçoit respectueusement les coups de trique ou de yatagan, mais qui paye.

Ceux qui connaissent la Russie assurent que

---

1. Nous prenons le mot *sérail* dans son sens propre qui est *palais, habitation ;* c'est à tort que l'on confend le sérail avec le harem, qui est l'habitation particulière aux femmes, quelque chose comme le gynécée.

rien ne ressemble plus à cet Orient septen-
trional que l'Orient méridional dont la capitale
est le Caire. Nous le croyons sans peine : l'ar-
bitraire produit partout les mêmes effets.

Nous ne voudrions pas parler encore de la
piteuse façon dont la civilisation européenne
s'implante en Égypte; mais toute médaille a
son revers. Si Alexandrie et le Caire regorgent
de tripots et de cafés chantants, leurs marchés
font vivre notre industrie cotonnière, ou du
moins la faisaient vivre avant que le libre
échange l'eût tuée. Nous nous bornerons à
constater un fait : il y a quelque chose de
plus laid que la basse population européenne
d'Égypte; c'est la tourbe des fonctionnaires
turcs choisis les uns par le vice-roi, envoyés
les autres par la Porte pour contre-balancer, si
faire se peut, l'effrayante puissance de ce vassal.
Notez que la plupart de ces Turcs sont Grecs ou
Arméniens de naissance. Quant aux quelques
Turcs de pure race qui apparaissent çà et là au

milieu de la foule, ils sont en général d'autant plus corrompus qu'ils ont habité l'Occident et fréquenté nos écoles. Il y a des exceptions à la règle, mais peu nombreuses.

C'est dans ces diverses catégories d'individus — ou indifféremment dans la classe des domestiques — que se recrutent les pachas, les beys, les effendis, les bimbachis, gens portant l'épaulette à l'occasion, ou offrant la chibouke à leur maître; car cette hiérarchie de fonctionnaires est une longue échelle de domestiques; le bey bourre la pipe au pacha, qui la présente au vice-roi; et de même en redescendant jusqu'au sous-lieutenant ou au petit employé de ministère. Le tout parle assez volontiers le français des maîtres de ballets italiens.

Au-dessus, mais bien au-dessus, dans les nuages, plane effendina, le vice-roi; appelez-le Saïd, Ibrahim, Ismaïl, c'est le vice-roi, *Kédiwe* en turc; cette qualification est un audacieux néologisme dont la création a coûté cher au vice-roi, et voici pourquoi.

Indépendant de la Porte en réalité, le kédiwe

a cependant besoin de payer chèrement cette indépendance, et les *fellahs* ne savent que trop ce qu'il en coûte à leur pécule. Chaque fois que le vice-roi part pour Constantinople, un frémissement de crainte parcourt l'Égypte; il faut de l'argent pour ces petits voyages, et les impôts redoublent sur la gent taillable et corvéable. En Orient, le *bakchish* ne respecte personne, pas même le kédiwe, qui paye comme un simple mortel le droit d'être maître chez les autres; car n'oublions pas que l'Égypte est une terre turque. Tout en payant à la Porte cet impôt plus ou moins régulier, accru par des suppléments de diverse nature, le vice-roi regarde constamment avec inquiétude du côté de Stamboul. Il se demande si le ministre des affaires étrangères du sultan ne lui fait pas préparer dans l'ombre quelque tasse de café [1] destinée à ouvrir prématurément sa succession. Le vice-roi craint beaucoup d'être empoisonné. Il y

1. On sait que la tasse de café a remplacé avantageusement en Orient le classique cordon des muets du sérail.

pense à chaque instant. C'est sa faiblesse, ou, pour mieux dire, c'est une de ses faiblesses.

La politique de la Porte a été constamment la même : contenir et s'efforcer même d'abaisser, de ruiner au besoin ce vassal insolent et riche. De là, nécessité par le vice-roi d'être attentif à tout ce qui se passe à Constantinople et de s'y ménager, coûte que coûte, des appuis importants.

Avant que l'ordre de primogéniture fût établi par la succession à la vice-royauté, il se passait un phénomène politique qu'il est bon de signaler, bien qu'il n'ait plus qu'un intérêt rétrospectif. La famille de Méhémet-Ali se composant d'une foule de fils, neveux ou petits-fils du chef de la dynastie, lesquels devaient régner à leur tour par rang d'âge, il était facile à la Porte d'avoir sous la main un héritier qui pouvait la venger à un moment donné du prince régnant. De là, nécessité pour ce dernier de s'appuyer tantôt sur la France, tantôt sur l'Angleterre, mais surtout de maintenir intact son crédit en répandant à Stamboul des sommes considérables.

La cour du vice-roi est en conséquence agitée par des intrigues perpétuelles. Figurez-vous la petite cour princière de la *Chartreuse de Parme*, avec ses milliers d'intrigues hautes et basses, mais sans femmes, privée de la *Sanseverina*.

En Égypte, avec un peu de bonne volonté, on trouverait un *mosca*. C'est tantôt un pacha arménien bien connu, tantôt un Français dont le nom a retenti plus d'une fois d'une manière fâcheuse, mais qui vaut pourtant beaucoup mieux que sa réputation. L'un ou l'autre mène l'État avec le vice-roi.

Quant à ce dernier, c'est un Turc d'épaisse encolure, fin, gros, beau parleur, grand propriétaire, grand industriel, puisqu'il a au moins 80 millions de rente en terre.

Voilà les protagonistes de la comédie, les dispensateurs de tout ce qui se vend et s'achète en Égypte, c'est-à-dire de tout, sauf la conscience, qui y est chose inconnue.

Après ces grands personnages viennent les pachas plus ou moins favorables aux Anglais ou aux Français, selon que le bakchish a été payé en guinées ou en napoléons d'or, très-sensibles aux décorations étrangères, capables de porter une tabatière en sautoir si elle vient d'un souverain.

Nous en avons vu qui décoraient leur uniforme d'une épingle enrichie de diamants, cadeau princier.

Enfin, dernière couche, la race des fournisseurs européens dont nous nous garderons de faire une seule catégorie ; il y en a de respectables, mais ce n'est pas le plus grand nombre. Beaucoup d'entre eux vendent indifféremment des bouquins de pipes enrichis de pierreries, ou des carabines, des clysopompes, des frégates à musique, ou pis encore. C'est du haut en bas une chasse ardente au million. Et qui fournit ce bienheureux argent? Le fellah, le paysan de la vallée du Nil.

Entre tous les êtres humains qui respirent

en Égypte, le fellah est le plus intéressant, le
plus sympathique, car il est bon, doux, intelligent. C'est un producteur et un reproducteur
infatigable qui porte sur ses échines, tout en travaillant, un monde de parasites, et à qui l'idée
n'est pas encore venue de secouer ce fardeau.
Le fellah est l'agriculteur par excellence, le
rustique complet avec ses qualités natives, qui
sont grandes, et ses vices, qui tiennent à la situation qu'on lui fait. On le presse, on l'ex-
ploite, on le dévore; il proteste à sa manière,
en rusant quand il le peut et tant qu'il peut.
Sans le fellah, il est permis de le dire, l'Égypte
mourrait fatalement. Le Nil et le fellah se com-
plètent l'un l'autre, et eux deux ont fait jusqu'à présent la richesse du pays. L'avenir nous
réserve-t-il des surprises? Le fellah cessera-t-il
de devenir l'indispensable laboureur de cette
grasse terre?

De nos jours encore, le paysan égyptien,
fellah pur ou métis, est le seul qui puisse culti-
ver l'Égypte; c'est lui qui, nu, sous un soleil
dévorant, sait puiser l'eau du Nil en faisant

grincer les *chadoufs* [1] comme ses arrière-grand-pères les contemporains d'Abraham.

Cependant dans beaucoup de localités il est remplacé par la pompe à vapeur, qui fait mieux et plus vite que lui, mais dont les services sont très-dispendieux. Lui, obéit, travaille et souffre, et peut-être plus encore maintenant que sous le gouvernement de Saïd.

Son travail et ses souffrances avaient vivement frappé les voyageurs européens, et à un moment donné les maîtres de l'Égypte surent exploiter les sympathies de l'Europe pour ces malheureux serfs.

Il s'agissait alors de battre en brèche l'influence toujours grandissante de la Compagnie du canal de Suez. On sait qu'à l'origine, de par un privilége qu'avait accordé Saïd, la Compagnie employait un grand nombre de fellahs au

---

1. Le chadouf se compose d'un système de seaux habilement superposés, destinés à puiser l'eau du Nil et à la déverser sur les terres un peu éloignées.

travail des terres ; c'était bel et bien la corvée,
mais la corvée *payée*, le travail d'ouvriers mer-
cenaires, mais non le labeur de l'esclave.

Que firent les gouvernants de l'Égypte? Tout
simplement une croisade *humanitaire* en faveur
des fellahs, contre la corvée. Que vous sem-
blerait d'un propriétaire de nègres écrivant ou
faisant écrire sous sa dictée l'*Oncle Tom*, et
distribuant ensuite ce roman dans toute l'Europe ?

Avec une habileté vraiment supérieure, on
annonça au monde ému et émerveillé que la
corvée était abolie. Du même coup on enlevait
des travailleurs à l'isthme, et on se faisait un
renom d'humanité. Les mots ne sont que des
mots en Orient, surtout lorsque l'Orient parle à
l'Occident. L'abolition de la corvée était une
cruelle plaisanterie dont le fellah paya et paye
encore les frais.

Cette abolition de la corvée avait été inventée
par un des principaux conseillers du vice-roi.
personnage fort intelligent qui connaît les Turcs
à fond, mais qui ne connaît pas moins bien la

presse européenne. Elle produisit le résultat désiré.

Ce fut, dans la plupart des journaux, un chœur d'éloges à l'adresse du vice-roi. Quelle humanité ! quelle grandeur ! quelle générosité ! l'Égypte venait d'avoir sa nuit du 4 août et sa révolution de 89. On conspua les gens de l'isthme, qui sans pitié s'engraissaient aux dépens de l'infortuné fellah. L'âge d'or allait revenir pour l'Égypte, on laissait les laboureurs au travail des champs : il n'y avait pas trop de bras pour remuer le sol et lui arracher le blé et les cotons nécessaires aux populations européennes ; plus de corvée, plus de bastonnades, plus de villages décimés par la réquisition ! Le tableau était touchant, on entrevoyait au fond le vice-roi bénissant en manière de patriarche les habitants de cette nouvelle Arcadie.

Les habiles sourirent, le tour était joué ; la corvée était supprimée en droit, et l'Europe applaudissait. Le fellah, qui n'a pas de journaux à acheter, ne dit mot. Quant à ses maîtres, ils remplacèrent purement et simplement la *corvée* par la *réserve de l'armée*.

Tous les habitants des villages étant soumis au recrutement, on lève chaque année les gens valides. Les uns vont se livrer pendant quelque temps aux délices de l'école de peloton, puis sont envoyés à la guerre, au Soudan, à moins qu'ils n'aillent se faire tuer pour les Turcs dans une Silistrie quelconque. Quant aux autres, et c'est le plus grand nombre, ils composent cette fameuse *réserve*. A celle-là les travaux publics, canaux, chemins de fer, culture des terres vice-royales; réserve précieuse, admirable instrument de travail, qui ne coûte rien ou presque rien. Tandis que les machines à vapeur dévorent du charbon et les mécaniciens de gros appointements, le fellah de la réserve mange un oignon, et s'estime fort heureux quand il ne reçoit pas pour dessert une volée de coups de *courbache* [1].

---

1. La courbache est un nerf de bœuf, artistement tressé, le knout des pays du soleil.

Quant au mode de recrutement, il est bien simple, et le bakchish y joue le principal rôle. Une pièce d'or ou d'argent adroitement glissée dans la main du recruteur exempte un homme du service; le médecin militaire est également sensible au bakchish; indigène et parfois, hélas! européen, ce fonctionnaire sait ce qu'on doit à des gens qui payent à propos. Donc l'heureux exempté est rayé même du cadre de la réserve, du cadre de la corvée; il demeure au village, jeûnant de coups de bâton, calme au moins jusqu'au recrutement suivant. Car tel fellah qui s'est fait remplacer cette année ou une des précédentes peut fort bien être rappelé l'année d'après.

Le premier empire français n'a pas eu, on le voit, le monopole de ce système ingénieux de recrutement qui consiste à rappeler plusieurs fois le même homme sous les drapeaux.

Voilà une faible partie des misères du fellah. Ceux qui veulent être plus complétement édifiés à ce sujet peuvent lire les lettres que plusieurs journaux anglais ont publiées récemment sur la famine qui désole la Haute-Égypte et sur les extorsions des *mudirs* (sorte de préfets). Les faits et les témoignages abondent. Cela n'empêche pas qu'une partie de la presse ne continue à faire l'apologie du gouvernement vice-royal. La théorie exposée par les journaux dont il s'agit n'est pas nouvelle. Elle a servi déjà (on sait avec quel succès) aux défenseurs de l'esclavage dans les États-Unis du Sud. C'est la théorie du fatalisme des races, qui consisterait à parquer indéfiniment le fellah dans la catégorie des bêtes de somme, entre l'âne et le dromadaire. Cette théorie, il faut l'avouer, est trop commode et trop usée.

Eh quoi! vous fondez des écoles primaires et secondaires dont vous faites grand bruit, que vous montrez avec orgueil aux visiteurs étrangers; vous paraissez prouver par là que les fellahs ne sont pas des brutes, puis tout d'un coup, quand ils arrivent à âge d'homme, ils ne constituent plus pour vous que la première matière imposable du pays? Ce sont des serfs travaillant sans paix ni trêve, pour vous enrichir. Quelle bizarre et inexplicable anomalie !

Tous ceux qui ont vécu en Égypte en ont rapporté la conviction que, si le fellah est un sauvage, comme on le prétend, il est du moins le plus perfectible des sauvages; d'abord parce que le climat n'est pas tellement accablant qu'il ne permette à l'intelligence des êtres humains de s'y élever au-dessus de l'instinct; ensuite parce qu'il est facile à tout observateur un peu attentif de se convaincre des résultats relativement considérables obtenus dans les écoles de l'*Abassieh*. Ceux qui ont comme nous assisté aux exercices des élèves fellahs ont pu constater chez la plupart une intelligence naïve, prompte et vive, plus de mémoire peut-être que d'esprit de suite, mais un instinct d'imitation fort développé et une merveilleuse aptitude à apprendre et à parler toutes les langues étrangères. Ces qualités intellectuelles nous les avons trouvées chez les adultes, comme chez les enfants; une très-bonne instruction primaire et secondaire fait beaucoup pour ce peuple et peut faire plus encore.

Il y a dans ces écoles une pépinière de sujets excellents, de contre-maîtres de manufactures, de sous-officiers et même d'officiers inférieurs. Quand le vice-roi a voulu, il y a même trouvé de hauts fonctionnaires ; quelques fellahs sont devenus pachas et beys ; il est vrai qu'ils avaient acheté leurs grades, et fort cher même, lors d'un des voyages coûteux du khédiwe à Stamboul.

On commet donc une erreur, et pis qu'une erreur, une faute, quand on se borne plus tard à exploiter d'une façon indigne ces hommes qu'une culture même incomplète trouve si dociles et si perfectibles. De quel droit vient-on soutenir ensuite que le fellah, incapable de monter dans la hiérarchie sociale, est condamné à subir le pacha et le bey, comme son aïeul a subi le grand échanson et le panetier de Pharaon ?

Le progrès est possible en Égypte ; il est possible surtout dans la caste intéressante dont

nous parlons. Là comme ailleurs il est facile
d'opérer la transformation de l'esclave en serf,
du serf en colon émancipé, en fermier, en petit
propriétaire. Le fellah peut devenir propriétaire,
et il l'a prouvé sous Saïd, qui, plus intelligent
que son successeur, favorisait cette tendance.
Ses qualités de cultivateur l'y portent, l'y encou-
ragent ; il aime la terre et il en redeviendra le
maître le jour où il n'en sera plus empêché par
les vexations et les charges dont on l'accable.
Le salut de l'Égypte agricole est à ce prix ; nous
ne craignons qu'une chose, c'est que les gouvernants aveugles s'obstinent à entraver ce mouve-
ment social, et tuent ainsi leur poule aux œufs
d'or.

Que le lecteur veuille bien nous suivre un
instant encore, et il demeurera convaincu que
de graves intérêts économiques européens sont
attachés au sort des fellahs. L'Égypte enlève à
l'Europe, bon an, mal an, environ 500 millions
de francs, lesquels lui sont fournis à peu près

complétement en espèces sonnantes. Il n'y a pas
au monde de marché commercial qui offre une
plus grande variété de monnaies de tout métal
et de toute provenance. Ces importations de métaux précieux servent à payer les énormes quan-
tités de blés et de cotons que la vallée du Nil
nous fournit; mais que deviennent ces métaux
eux-mêmes? Ils disparaissent en Égypte, et pour
ne plus reparaître.

Sans doute la population européenne, qui aug-
mente chaque jour en Égypte, y introduit avec
elle des habitudes de luxe, de comfort qu'il faut
satisfaire. Nos fabriques de France et d'Italie y
pourvoient, et par là s'opèrent quelques retours
d'argent sur nos places européennes. Mais que
sont ces retours à côté de l'effrayante masse d'or
et d'argent qu'engloutit à la lettre la terre d'É-
gypte?

Aussitôt que le laborieux fellah a échangé
sa balle de coton contre quelques pièces d'or,
il s'empresse d'aller ensevelir son trésor. Il
aimera mieux, pour ses besoins, emprunter aux
Grecs, à des prix fantastiques, à 3 pour 100 *par*

mois en moyenne, que de tirer de sa cachette le napoléon ou la guinée. Le fellah est craintif, et pour cause ; le temps n'est pas loin où le collecteur d'impôts (quels impôts et quel collecteur !) lui arrachait des épaules la méchante chemise de cotonnade qui les couvrait. Riche quelquefois, il pouvait l'être sous Saïd, le fellah vit comme un misérable afin d'échapper à l'impôt : à l'exception de quelques cheiks qui, dans les villages, continuent la tradition de l'ostentation arabe, les paysans sont malheureux.

Et cependant le contact des Européens et des Turcs civilisés avait fini par modifier les habitudes du fellah et par lui créer quelques besoins qu'il lui fallait satisfaire à prix d'argent. Sa nourriture, son habitation, ses vêtements et ceux de sa famille lui coûtent peu, mais il s'était mis à désirer un peu plus et un peu mieux. Si sa hutte de terre lui suffit encore, s'il couche sur le sol battu ou sur une litière de feuilles de maïs, il remplace le bonnet conique de feutre par le tarbouch à gland de soie, il achète des gilets de Brousse et de Lyon, de la batterie de cuisine, met des chaussures, des bas, des chaussettes, grand progrès pour des Orientaux! Il rapporte chez lui quelques menus objets de toilette pour sa femme, en un mot il s'initie au bien-être matériel, et par suite au bien-être moral, dès qu'on le laisse un peu respirer.

Tous ceux qui connaissent l'Égypte le diront comme nous : l'argent du fellah ne reverra la lumière que quand les fellahs auront à nouveau confiance dans le gouvernement. Il faudrait faire entrer dans ces cerveaux l'idée d'une royauté qui ne fût pas une exploitation des gouvernés par le gouvernant. Il faudrait qu'ils se persuadassent que le vice-roi n'est plus une sorte de sangsue dévorante; il faudrait que l'Égypte fût dotée d'un système d'impôts équitables et réguliers. Alors la vie reprendrait pour ces malheureux travailleurs, qui avaient entrevu sous Saïd une aurore de paix et de tranquillité.

Quelques-uns de ces *desiderata* feront peut-être sourire les gens qui connaissent l'Orient et qui savent de quelle façon s'y perpétuent les plus monstrueux abus. Nous tombons d'accord avec eux sur quelques points, mais nous demanderons au vice-roi, qui se pose en souverain ami du progrès, de ne pas faire plaider par ses amis les lettrés que le fellah est un être inférieur et que les plus robustes efforts ne pourront le tirer de son apathie séculaire. Le gouvernement égyptien retire d'une main ce qu'il donne de l'autre; il crée des écoles, mais il écrase d'impôts les gens qui en sortent. Quant au vice-roi, il est inférieur, à plus d'un point de vue, aux cheiks arabes du moyen âge. Il n'est pas moins dur, et il est plus bassement intéressé. Ceux-ci au moins étaient des seigneurs féodaux, et non des marchands de coton.

Le travail émancipera le fellah, le relèvera à ses propres yeux; quand il saura qu'il a bien à lui ce qu'il possède, que nul n'a le droit de le lui ravir sous prétexte d'impôts et de corvées, il deviendra ou redeviendra propriétaire.

Que le vice-roi et ses ministres y songent; la Haute-Égypte est vaste et peuplée, et il y a beaucoup de ses habitants qui pensent, sans l'oser dire, ce que nous disait un vigoureux fellah à Keneh : « Les Turcs! les Turcs! ils ne « sont que six mille; si les fellahs le voulaient, « ils n'auraient besoin contre eux ni de fusils, « ni de poignards. ils n'auraient qu'à se réunir « et à les noyer dans leurs crachats! »

IMPRIMERIE J. CLAYE
RUE SAINT-BENOIT, 7
LABOR
PARIS